REGLEMENT
GENERAL POVR REmedier aux desordres aduenuz à l'occasion des troubles presens, attendant l'assemblee generale des Estats de ce Royaume.

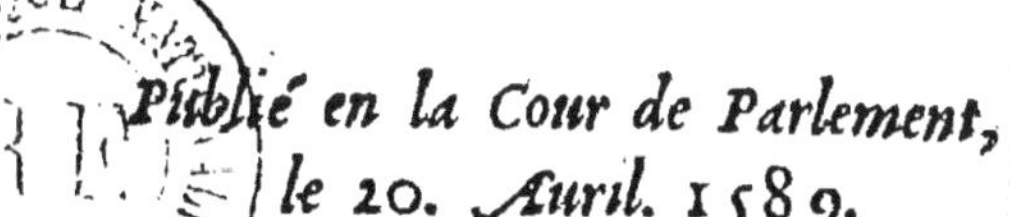

Publié en la Cour de Parlement, le 20. Auril. 1589.

A TROYES.

De l'Imprimerie de Iean Moreau.

Imprimeur de la Saincte Vnion.

1589.

Auec Permission.

HARLES DE Lorraine , Duc de Mayenne , Pair & Lieutenant general de l'estat & Courô- ne de France, & le Conseil general de l'Vnion des Catholiques estably à Pa- ris, attendant l'assemblee des Estats du Royaume : à Messieurs de la Cour de Parlement, Chambre des Comptes & Cour des Aydes à Paris, salut & dile- ction. Considerans qu'il est tres-ne- cessaire pouruoir & remedier au des- ordres aduenus en ce Royaume , en attendant l'assemblee generalle des Estats, assignez en ceste ville, au quin- ziesme de Iuillet prochain : Nous a-

A ij

uons faict le Reglement cy attaché
soubs le contre-seel de la Chancellerie
lequel nous vous prions faire lire, publier & enregistrer. Et mandons aux
Baillifs & Seneschaux, Preuosts, ou
leurs Lieutenãs, le garder & faire garder & exécuter selon sa forme & te-
neur. Donné à Paris, le septiesme
iour d'Auril, l'an de grace mil cinq
cens quatre-vingt & neuf.

PAR MONSEIGNEVR, ET LE CONSEIL GENERAL.

Signé,   SENAVLT,

Et séellée du grand séel en cire iaune.

Leüe publiee & Registree, oy & consentant le Procureur general, & sera l'extraict enuoyé és Bailliages, Seneschaucees & autres sieges de ce ressort, pour y estre publié & executé : Et enjoinct aux Substituts dudict
Procureur general y tenir la main, & en certifier la
Cour, à Paris en Parlement le vingtiesme iour d'Auril
l'An mil cinq cens quatre vingt & neuf.

Signé,   DV-TILLET.

REGLEMENT FAICT

PAR MONSEIGNEVR LE DVC

DE MAYENNE, *Pair & Lieutenant General de l'Estat Royal & Couronne de France, Et le Conseil general de l'Vnion des Catholiques establys à Paris, Pour pourueoir & remedier aux desordres aduenus à l'occasion des troubles presens, attendant qu'il soit plus amplemēt pourueu par l'assemblee generalle des Estats, assignez en la Ville de Paris, au quinziesme iour de Iuillet prochain.*

Article. I.

Our-ce que le commencement de toutes bonnes & loüables actiōs, doit estre fait par l'inuocation de la souueraine puissance & bonté de Dieu, le nom duquel sert de lien aux gēs de bien, & de terreur aux meschans : tous ceux qui sont entrez ou

A iij

REGLEMENT

entrerõt cy apres en la saincte Vnion
des Catholiques, seront tenus faire &
prester le serment selon le contenu au
formulaire, enregistré en la Cour de
Parlement de Paris, auquel sera ad-
iousté le sermét d'obeissance aux Magistrats. Et le iureront les Officiers des
Cours Souueraines, & Iustices ordinaires en l'assemblee desdites Cours &
siege de leur Iurisdiction : Et les Mai-
re & Escheuins, Capitouls, Consuls
& autres Officiers des corps des Villes
és Maisons & Hostels desdites Villes,
si ja ne l'ont fait, dont ils feront dres-
ser registre qui sera signé de chacun
desdits Officiers. Et en sera expedié a-
cte qu'ils enuoyeront audit Conseil
general, à fin de cognoistre les Villes
& Communantez qui seront entrees
en ladite Vnion.

I I.

Les Archeuesques, & Euesques se-

ront le ferment entre les mains du
Doyen, ou de celuy qui tient la pre-
miere dignité de leur Eglife, & puis le
receuront des autres, & en leur abfcé-
ce leurs grands Vicaires, apres l'auoir
presté entre les mains dúdit Doyé:du-
quel ils le receurôt puis apres, enfemble des Abbez commendataires, & le
feront faire à tous les Prieurs, Chanoi-
nes & Curez de leur Diocefe. Et ou la
Ville en laquelle eft eftably le fiege
Epifcopal, feroit trop eflongnee, ou
ne fuft entree en l'Vnion, les Ecclefiaftiques defdites villes vnies & plat païs
feront le ferment pardeuant les Vicaires generaux commis en icelles, Ar-
chediacres ou Doyens ruraux. Et pré-
dront puis apres lefdits Curez le ferment de leurs Vicaires & Preftres ha-
bituez en leur Eglife: & pour le regard
des Religieux, les Abbez reguliers feront ledit fermét és mains des Prieurs

clauſtraux, & leſdits Prieursclauſtraux
& autres Religieux, le feront és mains
de leurs Abbez, ou en leur abſcence, és
mains deſdicts Prieurs. Ce qui ſera ob-
ſerué par les ordres des quatre Man-
diẽs, & en feront dreſſer actes authen-
tiques qu'ils mettront és mains des
Baillifs & Seneſchaux ou leurs Lieutenãs, pour cognoiſtre ceux qui n'auront voulu obeyr au preſent reglemẽt
lé tout ſans prejudice des exemptions
pretenduës par les Chapitres & com-
munautez.

III.

La Nobleſſe fera ledit ſerment par
deuant leſdits Baillifs & Seneſchaux
ou leurs Lieutenans chacun en leur
reſſort, & ſerõt tenus ſigner l'acte dudit ſerment, & tenir la main forte à
l'entretenement & conſeruation de ce
qu'ils auront promis, pour ne paroi-
ſtre moins affectionnez à l'hõneur de

Dieu & de son seruice, que leurs pre-
decesseurs, qui se sont tât de fois croi-
sez, & ont si liberalement exposé leurs
biens & moyens pour côbatre les in-
fideles , & chasser les heretiques des
Prouinces les plus eslongnees: lesquels
ils n'ôt à present à chercher plus loing
que dans leurs Villes & maisons. Et ce
faisant sera ladicte Noblesse mainte-
nuë & gardee és honneurs, preeminé-
ces & prerogatiues qui luy sont deuës,
& dont elle à de tout temps accoustumé iouyr: Et si les Villes de la demeure desdits Gentils-hommes ne sont de
l'Vnion, presteront ledit serment en
la plus prochaine Ville vnie de leur
demeurance.

I I I I.

Semblable serment presteront es-
dits lieux, & en la forme que dessus, les
veufues, chefs de maison & famille, de
quelque qualité que ce soit.

B

REGLEMENT,

V.

Si aucuns Seigneurs ou Gentilshō-
mes ont pluſieurs maiſõs aſsizes en di-
uers Bailliages, ne ſerõt tenus faire ledict ſermēt qu'au Bailliage ou eſt leur
domicile & reſidence ordinaire: Et ſeront excuſez és autres Bailliages faiſant apparoir de la proteſtation dudit
ſerment, par acte deuëment expediee.

VI.

Ceux de la Nobleſſe & autres gens
de guerre qui ſont és armees, ſerõt tę-
nus de faire ledit ſerment és mains de
Monſeigneur le Duc de Mayenne, ou
celuy qu'il commettra : Et enuoyant
acte de la proteſtation dudit ſerment
aux Bailliages, ſeront deſchargez d'y
faire le ſerment.

VII.

Les habitans des villes vnies ſerõt le
ſerment pardeuant les Officiers d'icelles, ou par les quartiers & dixaines és

mains des Capitaines : Et pour le regard des habitans du plat pays , le feront publiquement à l'iſſuë de la Meſſe Parrochiale, és mains de leurs Curez ou Vicaires: Auſquels ſera enuoyé par leſdits Eueſques ou Vicaires generaux vn extrait dudit ſerment. Et ſerõt inſtant leſdits Officiers des Villes, Capitaines que Curez ou Vicaires qui receuront ledit ſermẽt , tenus en faire proces verbal , qui contiendra les noms & qualitez de ceux qui auront fait refuz iurer ledit ſerment, lequel ils enuoyeront auſdits Baillifs & Seneſchaux.

V I I I.

Pour l'execution de ce que deſſus , ſera enjoinct à tous Baillifs & Seneſchaux ou leurs Lieutenans , faire publier tãt en la ville capitalle de chacun Bailliage, que Villes particulieres, & autres lieux & endroits de leur reſſort accouſtumez à faire proclamations.

B ij

Que tous lefdits habitans dudit Bailliage foient Ecclefiaftiques, de la No-
bleffe, ou du tiers Eftat, ayét dãs quinzaine apres ladite proclamation venir
prefter ledit ferment. Et à cefte fin fera
enjoint à tous ceux qui fe font abfen-
tez defdites Villes & Bailliages, auf-
quels ils auoient accouftumé faire leur
domicile & refidence ordinaire, y re-
tourner dans ledit temps, pour venir
prefter le ferment : Ce qu'ils pourront
faire en toute liberté & feureté de leurs
perfonnes & biens : Sauf toutesfois
pour le regard de ceux, contre lefquels
les Magiftrats, corps & Communau-
tez des villes, ont eu ou aurõt quelque
foupçon, lefquels ne feront receuz ef-
dites villes, qu'auec cognoiffance de
caufe : Et fe pouruoiront par requefte
à cest effect audit Conſeil general de
l'Vnion, ou aux Conſeils particuliers
eftablis en chafcune Ville.

Apres ladite quinzaine paſſee, ſera
procedé à la ſaiſie des biens meubles &
immeubles de tous ceux qui ſe trouueront refuſans ou dilayans faire ledit
ſerment, ſoit Eccleſiaſtiques, Nobles,
ou du tiers Eſtat. Et ou dans vn mois
apres ladite ſaiſie ils ne le voudroient
faire, ou n'auroient propoſé excuſes
valables de leur abſcence & legitime
empeſchement, ſeront tenus & reputez pour ennemis de Dieu & de l'Eſtat
& paſſé outre à la vente deſdits meubles, & au bail à ferme des immeubles
pour eſtre les deniers qui en prouien-
drõt employez aux affaires du public.
Et pareillement ſeront leurs eſtats &
offices declarez vacquans & du tout
ſupprimez, s'ils ſont ſubjets à ſuppreſ-
ſion, ſinon pourueu à iceux par com-
miſsion, attendant l'aſſemblee generalle des Eſtats, en laquelle ceux qui

auront obtenu lefdites Commiſſions
ſerõt tenus les r'apporter, pour en eſtre
ordonné ce qu'il appartiendra. Sauf
toutesfois aux femmes & enfans deſdits abſens.& leurs creanciers eſtans de
l'Vnion, à ſe pourueoir pour le payement de leur deu , tant ſur le pris des
meubles que reuenu, & fruits des immeubles ainſi qu'il appartiendra, pardeuant les Commiſſaires en la Chambre eſtablie au Threſor.

x.

Pour le regard des heretiques, leurs
fauteurs & adherens, dont les biẽs ont
eſté cy deuant ſaiſis, leſdits Baillifs &
Seneſchaux ou leurs Lieutenans, feront promptement rendre compte à
tous les Cõmiſſaires & fermiers eſtablis par Iuſtice, & vuider leurs mains,
ſi fait ne l'ont, en celles du Receueur
du Domaine, ou de celuy qui ſera de-
puté, des deniers qui ſe trouueront de-

ouoir à caufe defdites faifies faites depuis l'Edict de Iuillet , mil cinq cens
quatre-vingts & cinq. Et s'il fe trouue
aucuns baux mal faits & a vil pris par
collufion & intelligence les feront re-
nouueller: Et outre feront proceder a
nouuelle faifie de tous les biens defdits
heretiques qu'ils trouueront n'auoir
encores efté faifis iufques a prefent, ou
qui ont eu main-leuee de tout, ou de
partie de leurs biens en quelque lieu
qu'ils fe foient retirez, & quelque atteftation qu'ils ayent du lieu de leur re-
traicte. Aufquelles main-leuees ils
n'auront aucun efgard, & ne laifferõt
nonobftant icelles à proceder à la véte
de leurs biens meubles, & bail à ferme
les immeubles , à peine de fufpenfion
de leurs eftats. En quoy toutesfois ne
feront compris ceux qui ont cy deuãt
fait abiuration & profeffion de foy, &
qui ont depuis continué viure en la re-

ligion Catholique , Apoſtolique &
Romaine, & qui feront le ſermét d'V-
nion, leſquels feront maintenus & cõ-
ſeruez en leurs biens comme les autres
Catholiques. Et deffences à toutes perſonnes leur faire aucun tort ny deſ-
plaiſir, & à tous gẽs de guerre de leur
courir ſus ny les prendre à rançon.

X I.

Ceux qui auront fait ledit ſerment
feront tenus & reputez du corps de
l Vnion, & obligez aſſiſter & ſecourir
les vns les autres de tout leur pouuoir.
Et ſi aucuns de ladite Vnion ont des
biens ailleurs qu'au lieu de leur princi-
pale demeure, en iouyront paiſible-
ment, comme ils auoient accouſtumé
& pourront aller en toute ſeureté en
toutes les autres villes & lieux de l'V-
nion , faiſant apparoir de l'acte dudit
ferment bien & deuëmét expediee. Et
font faictes inhibitions & deffençes à

toutes perſonnes de quelque qualité
& condition qu'ils ſoient, les offencer
en leurs perſonnes & biẽs ſur peine de
la vie, & enjoint à tous Officiers, Gou-
uerneurs, Preuoſts des Mareſchaux &
autres, leur preſter tout ayde & cõfort.

X I I.

Si aucuns ſ'oublient tant d'enfraindre ou violer ledit ſerment, & faire en-
treprinſes cõtre les villes & autres perſonnes de ladite Vnion, ſeront tenus
& reputez pour traiſtres, perfides &
ennemis de Dieu & de l'Eſtat, & s'ilz
peuuent eſtre apprehendez ſeront ri-
goureuſement puniz & chaſtiez, ſans
eſperance de pouuoir iamais r'entrer
en ladite Vnion des Catholiques, de
laquelle ils ſe ſeront vne fois departis.

X I I I.

Et pour ce qu'il ſe pourra trouuer
quelques Iuges & Officiers ſi mal affectionnez à la conſeruation de l'hon-

C

neur de Dieu, de la religion Catholique, & de l'Eſtat, qui entreprendroiēt
faire publier en leurs ſieges quelques
Declarations faictes par les ennemis
de ladite Vnion, à l'encontre des Princes, Prelats, Seigneurs, & villes qui ſõt
entrees en icelle, ou accepter quelques
charges nouuellement crees par leſdits
ennemis, ſouz le nõ de Cour de Parlement, Chãbre des Comptes, Cour des
Aydes & autres Iuſtices, au preiudice
des anciens eſtabliſſemens de la Iuſtice & en haine de la ſaincte Vnion :
Tous ceux qui ſigneront, ſeellerõt, ou
publieront leſdites Declarations des
ennemis, exerceront aucuns deſdits
Eſtats nouueaux, & obeyront à leurs
Iugemens, ſeront ſemblablement declarez ennemis de Dieu, & de l'Eſtat,
& perfides à leur patrie, & ſeront leurs
biens meubles & immeubles, ſaiſis &
vendus, & leurs eſtats declarez vacquãs

& pourueu à iceux en leur lieu & pla-
ce si faire se doit.

X I I I I.

Sont faictes deffences à toutes personnes de ladite Vnion, receuoir sol-
de ou pension desdits ennemis, ny a-
uoir aucune intelligence ou pratique
auec eux, directement ou indirecte-
ment sur peine de la vie.

X V.

Ne sera permis à aucun de ladite
Vnion de quelque qualité ou condition qu'ils soit, faire aucune capture
emprisonnement ou saisie & prise de
biens, tant en la ville que aux champs
sans exprez commandement & ordõ-
nance par escrit du Magistrat. Ce qui
sera expressément inhibé & deffendu,
excepté toutesfois côtre ceux qui por-
tent les armes ouuertemét auec les ennemis, & qui exerceront acte d'hosti-
lité, ou leueront trouppes & compa-

gnies de gens de guerre, sans charge &
cõmission de mondit Sieur de Mayé-
ne, & Princes de ladite Vnion : à l'encontre desquels sera permis courir sus
& s'ils peuuent estre pris seront declarez de bonne prise.   Et à fin d'éuiter à
l'aduenir au mal qui est aduenu depuis
les troubles presens, par l'impunité des
malefices & diminution de l'authorité des Magistrats, tant des Iustices ordinaires que des Villes, qui pourroit
en fin causer la ruine de cest Estat, s'il
n'y estoit promptement pourueu : Sera enjoint à toutes personnes de porter
l'honneur & l'obeyssance qui est deuë
à tous lesdits Officiers, & leur obeyr
en l'exécution de ce qui depend de
leurs charges, sur peine de punition
corporelle.

X V I.

Et pour le regard des saisies de deniers & biens meubles cy deuant fai-

tes, par vertu de mandement ou com-
miſſion deſdits Iuges ou autrement:
Tous ceux qui ont fait leſdites ſaiſies,
ſerõt tenus repreſenter les proces verbaux d'icelles, & inuentaires qu'ils ont
fait deſdits biens, pardeuant ledit Conſeil general de l'Vnion, ou autres Conſeils eſtablis és Villes, pour eſtre les deniers prouenãs deſdites ſaiſies employez és affaires de l'Vnion. Et ou aucuns
feroient refus ou delay de repreſenter
leſdits proces verbaux, & rendre compte, de ce que ſont deuenus leſdits biés
ou deniers prouenants de la vente d'i-
ceux, y ſerõt contraints par toutes
voyes deuës & raiſonnables, meſmes
par empriſonnemens de leurs perſonnes. Et ſera informé contre eux à la di-
ligence du Procureur general, & de ſes
Subſtituts en chacun ſiege: n'eſtãt rai-
ſonnable de ſouffrir que les biens des
particuliers ſoient expoſez au pillage,

& appliquez au profit particulier d'aucuns : ains employez au secours des affaires publiques, ou rendus à ceux à qui
ils appartiennent, s'ils ont esté mal &
iniustement pris. Et neantmoins rap-
portant par eux tout ce qu'ils aurõt pris
& saisi, leur sera fait taxe & satisfactiõ
raisonnable de leur salaire & vacation,
ainsi qu'il appartiendra.

XVII.

D'autant qu'il à esté permis depuis
lesdits troubles à plusieurs Seigneurs,
Gentils-hommes & autres se loger en
quelques maisons desdites villes ou aux
champs, appartenans à ceux qui estoiét
absens, lesquels ils pretendent mainte-
nant retenir, comme si la proprieté d'i-
celles leur en auoit esté donnee : Sera
fait commandement à ceux qui occu-
pent lesdites maisons en desloger, &
rendre & restituer ce qu'ils aurõt trou-
ué en icelles, pour estre faict bail à fer-

me du loyer defdites maifons , & les
meubles venduz au profit des affaires
publiques , fi faire fe doit.

XVIII.

Tous ceux qui doiuent aucune cho-
fe aux heretiques, leurs fauteurs ou adherens, portant les armes auec eux,
& aux ennemis du public , foit par
cedule, obligation, ou conftitution de
rente, feront tenus le declarer pardeuát
lefdits Baillifs & Senefchaux , ou leurs
Lieutenás, à peine du quadruple. Et fe-
rôt faites deffences à toutes perfonnes,
receller ou cacher les meubles, cedules,
obligations, tiltres & enfeignemés appartenans aufdits heretiques & ennemis : Et à ceux qui viendront declarer
aucuns meubles, deniers & biens, tiltres
appartenans à ceux de la qualité fufdite
leur fera baillé vn dixiefme. Et à cefte
fin feront publiees par les parroiffes
monitions, à fin de reuelation.

REGLEMENT
X I X.

Pour executer l'ordonnance faicte à
la postulation des Estats assemblez l'an
mil cinq cens soixante & dixsept en la
ville de Blois, & supprimer les offices
supernumeraires qui sont à la grand
foulle & oppression du peuple : adue-
nát vacatió par mort d'aucús Estats de
Iudicature nouuellemét creez, ou qui
estoient subiets à suppression par ladicte ordonnance, n'y sera aucunement
pourueu : Et ou il en viendra à vaquer
aucuns non subiets à ladicte suppressió
esquels il soit requis & necessaire de
pourueoir, sera tant és Cours de Parlement & Cours souueraines, que Iustices inferieures, procedé à l'élection &
nomination selon la forme portee par
les Ordonnances.

X X.

Et à fin que lesdites nominations
soient faites legitimement & en toute

sincerité & sans corruptuelle : seront
faictes expresses inhibitions & deffences d'vser d'aucunes brigues, menees &
pratiques, ny bailler, ou permettre, ou
faire bailler aucuns dõs & presens pour
paruenir ausdits Estats, à peine d'en
estre declarez indignes & incapables.

X X I.

Quant aux Estats de Finance , &
tous autres Estats reputez venaux vac-
quation aduenant par mort, demeure-
ront supprimez iusques à ce qu'ils soiét
reduits au nombre porté par ladite Or-
donnáce. Et ou il en viendra à vacquer
aucuns nõ subiets à ladite suppression,
seront mis en taxe audit Conseil, & les
quittances deliurees incontinent s'ils
ne sont taxez qu'à soixante escus & au
dessouz, sinõ apres la quinzaine, à personnes capables, ausquelles seront ex-
pedies lettres de prouisiõ en tiltre d'office. Et pour le regard des Estats des ab-

D

sens, qui n'auront faict ledit serment
dans le temps cy dessus declaré, y sera
pourueu par commission seulemét, &
non en tiltre d'Office : Comme aussi la
finance qui en sera baillee, ne sera que
par prest, & pour le secours des affaires
publiques, dont ils seront remboursez
au parauant qu'estre dépossedez.

X X I I.

Tous Officiers qui seront de ladite
Vnion, pourront resigner leurs Estats
à personnes capables, sans qu'ils soient
tenus doresnauant payer aucune cho-
se pour le marc d'or, ny pour autre cause que ce soit, sinon desdits Estats de
Finance & venaux, pour la resignation
desquels sera payé le quart denier, tant
seulement, selon la taxe qui en sera faicte audit Conseil.

X X I I I.

Les resignations à condition de sur-
uiuance dont à esté payé finance qui

est entree és coffres de l'espargne
sans fraude, suyuant les Edicts verifiez
és Cours: ensemble les autres suruiuā-
ces esquelles les resignataires ont esté
receuz: Et pareillement celles cy deuāt
accordees aux Officiers des Cours de
Parlement auront lieu, pourueu qu'ils
ayent faict le serment d'Vnion, & quāt
aux autres suruiuances demoureront
reuoquees.

XXIIII.

Le grand Conseil sera r'estably, &
aura sa seance ordinaire en ceste Ville
de Paris, & la cognoissance de toutes
causes qui luy sont attribuees par les
Edicts & Ordonnances, à la charge de
faire & iurer l'Vnion par les Officiers
d'iceluy. Et seront tous le Iugemens &
Arrests, donnez souz le nō dudit Conseil en autre lieu qu'en ceste Ville de
Paris, declarez dés à present nuls, & de
nul effect & valeur: Et fait deffences à

tous Huissiers & Sergens les executer, & à toutes personnes y obeyr, & ce attendant qu'il en soit autrement ordōné par les Estats.

X X V.

Les requestes qui seront presentees pour éuoquer les proces & differens d'entre les particuliers, fondees sur les recusations, & autres moyens permis par les Ordonnances, seront renuoyees pardeuers les Maistres des Requestes ordinaires de l'hostel du Palais à Paris, pour en donner aduis suiuant ladicte ordonnance de Blois : Sur lesquels aduis seront expediees lettres patentes, seellees du grand seau du Conseil general de l'Vnion.

X X V I.

Toutes lettres de prouisions d'Offices, & autres lettres de Chancellerie cōcernans la Iustice, & fait des Finances, qui auoient cy deuāt accoustumé estre

expediees au grãd Seau, par Meßieurs
les Chancelier & Garde des Seaux de
France, seront cy apres expediees audit Conseil general de l'Vnion, souz
le Seau estably audit Conseil. Et deffences à toutes personnes d'obtenir à
l'aduenir aucunes lettres ny prouisiõs
d'Offices ailleurs qu'audit Seau, & à
tous Iuges y auoir aucun esgard & y
prendre obeissance. Et si aucũs ont esté
pourueuz ou receuz depuis le vingt-
quatriesme Decẽbre dernier, sans lettres, ou en vertu de lettres expediees
souz autre Seau, seront tenuz prẽdre
nouuelles lettres de prouision audict
Seau, sans pour le regard des Estats ve-
niaux payer aucune finance.

XXVII.

Pour le regard des benefices cõsisto-
riaux qui ont vacqué depuisledit vĩgt-
quatriesme Decembre dernier, & viẽ-
dront à vacquer cy apres: Sera suppliee

D iij

ſa Sainĉteté d'aduiſer à la forme de la nomination deſdits benefices, pour y eſtre pourueu, attendant l'aſſemblee des Eſtats. Et ce pendāt ſeront eſtablis bōs & ſuffiſans Oeconomes par ordōnance dudit Cōſeil, pour la perceptiō des fruits deſdits benefices, leſquels ſeront tenus acquitter les charges ordinaires & accouſtumees, rendre cōpte du reuenu, & mettre le reliqua és mais de ceux qui ſeront deputez par ledict Conſeil. Et ſi pendant que leſdits benefices ſeront tenus par Oeconomat, ils vacquent aucuns benefices ſimples ou reguliers, eſtans à la collation, preſentatiō ou autre inſtitution d'iceux. Seront conferez à perſonnes capables & dignes, ſelon la forme accouſtumee pendant laquelle vacation, ſera la diſcipline Eccleſiaſtique & reguliere, cōmiſe aux Doyens, Chapitres & Prieurs clauſtraux.

XXVIII.

Quand aux prebendes & Chappelles qui ont vacqué depuis ledit vingtquatriefme Decembre dernier, & vacqueront cy apres, eftans en la plaine collation ou prefentation Royale: Benefices vaquans en regalle & autres: defquels pendant le litige & contention entre les patrons laiz, y a droit de prefentation Royale, y fera pourueu de perfonne capable par Monfeigneur le Duc de Mayenne & ledit Confeil, referué neantmoins à ceux qui auront efté pourueuz depuis, & muant l'eftabliffement dudit Confeil, de fe pouruoir en iceluy pour la confirmation de leurs prouifions, en apportant acte d'atteftation du ferment l'Vnion.

XXIX.

Le moyen qui a efté aduifé eftre requis & neceffaire, pour pouruoir &

REGLEMENT

remedier prõptemẽt à la descharge des
tailles, subsides, & impositiõs mises sur
le pauure peuple, dõt il a esté extréme-
ment foulé, & oppressé pendant ces
dernieres annees, est de r'assembler au
plustost les deputez des Estats de toutes les Prouinces de ce Royaume: à fin
que repris par eux les erremens de ce
qu'ils auoient proposé, & presque cõ-
clud en la ville de Blois, auparauant le
vingt-troisiéme Decẽbre dernier, ils
puissent faire ressentir au peuple vne
descharge, & moderation de tailles &
subsides extraordinaires, & nõ neces-
saires, & le faire iouyr d'vn plus grand
heur & repos qu'il n'à fait par le passé.
Et pour cest effect, & aussi pour pourueoir à tous les autres tres-importans
affaires de ce Royaume, ont esté lesdts
Estats cõuoquez au quinziéme Iuillet
prochain: Attendãt laquelle assẽblee
sera le Parisis des episces, dés à present

aboly & osté, ensemble les Offices des
deux Receueurs d'icelles, ancien & al-
ternatif, & le droict à eux attribué ; Et
pareillemēt les Estats & Offices de Receueurs des cōsignatiōs, du tout esteīts
& supprimez, sauf à ceux qui tiennent
lesdictes Offices, à se pourueoir pour
leur rébourlement pardeuers le Conseil, pour apres qu'ils auront verifié la
fināce par eux payee pour lesdites Offices, & rendu compte des profits & é-
molumés par eux receuz en l'exercice
desdites charges, en estre ordonné ce
que de raison. Et outre sera faite diminution d'vn quart de ce que se montēt
les tailles & creuës ordonnees estre le-
uees en la presente annee, compris en
ce la remise contenuë és lettres de descharge enuoyees aux esleuz, qui aura
lieu suiuant les cōmissions qui en ont
esté cy deuāt expediees, par les Princes
Catholiques vnis auec les trois Estats

E

REGLEMENT

de ce Royaume. Et pour le surplus des trois autres quarts desdites tailles , enfemble pour tous les autres fubfides & impofitiõs: fera enjoinct à tous les côtribuables , les payer & acquitter fans aucũ refuz ou delay pour fatisfaire au fouftenement des charges publiques.

XXX.

Seront faictes deffences à tous Seigneurs, Gentils-hommes, Officiers & autres perfonnes de quelque qualité qu'ils foient, retarder la leuee defdites tailles & impofitions, ny les prendre & faire leuer , ou empefcher que les deniers ne foiẽt apportez & mis és mains des receueurs generaux & particuliers eftablis és villes de l'Vnion: ny pareillement prendre les droits de gabelle & impofitions du fel , deftinez pour le payement des rentes conftituees à la ville de Paris, ny le pris du marchant, fans lequel la coutinuation du four-

niffement ne fe peut faire, le tout con-
formément aux lettres patentes expediees à ceft effect.

XXXI.

Les Aubeines, Efpaues, amendes &
côfifcations, droits feigneuriaux, lots
& vêtes eftans du domaine de la Couronne, feront exactement recherchez,
pour eftre les deniers qui en prouien-
dront employez és affaires de l'Vniõ:
& n'en fera faict aucune gratification,
finon auec cognoiffance de caufe, &
pour recompenfe des feruices faits au
public.

XXXII

Et generallement tous les Edicts &
Ordonnances cy deuant faits pour le
bien de ceft Eftat, feront gardez & ob-
feruez: Et defences à toutes perfonnes
de les violer & enfraindre: Et fera enjoint à tous Iuges & Officiers y tenir la
main, & s'acquiter foigneufement de

REGLEMENT GENERAL.

leurs charges, à l'honneur de Dieu & repos du public.

Faict & arresté audit Conseil le sixiesme iour d'Auril, l'an mil cinq cens quatre-vingt & neuf.

Signé,

SENAVLT.

Leuz, publiez & Registrez, oy & ce consentant le Procureur general, & sera l'extraict desdits articles enuoyé és Bailliages, Seneschaucees & autres sieges de ce ressort, pour y estre publiez & exécutez : Et enjoinct aux Substituts dudict Procureur general y tenir la main & en certifier la Cour. A Paris en Parlement le 20. iour d'Auril l'an mil cinq cens quatre-vingt & neuf.

Signé,

DV-TILLET.

LETTRE DE MON-
sieur le Procureur general.

ONSIEVR le Procureur, ie vous en-
uoye le Reglement General, & la ve-
rification de la Cour : Et vous & moy
sommes chargez des diligences de la
notification. Pour ce ie vous prie de faire en sor-
te que nous ne puissions estre blasmez, & d'aider
de vostre possible qu'il soit exécuté de poinct en
poinct. Pour faire paroir ce que vous y aurez
apporté vous m'enuoyerez vn proces verbal de la
publication & de l'exécution, l'ayant en main ie
tesmoigneray à Nosseigneurs de Parlement les
effects de vostre bonne intention. Ce que attendant ie prieray Dieu,

Monsieur le Procureur, qu'il vous tienne en sa
saincte garde. De Paris ce 28. Auril, 1589,

Vostre homme, frere & humble amy,
MOLE.

Et en la superscription est escrit, A Monsieur
le Procureur, mon Substitud, au Bailliage & siege
Presidial de Troyes.

Leu, publié en la Cour du Bailliage & siege Presidial de
Troyes l'audiäce tenät, ce requerant le substitud du Procu=
reur general, & ordonné que ledict Reglement sera pu=
blié par les carrefours, Registré és Registres de ceste Cour
& enuoyé aux Iuges de ce ressort, & autres qu'il appar=
tiendra, à ce que personne n'en pretende cause d'ignoran=
race, le mardy seiziesme iour de May, mil cinq cens qua=
tre-vingts & neuf.

Et ledict iour ledict Reglement cy dessus auroit esté
publié par les carrefours de ceste Ville de Troyes, à son
de trompe & cry public à la maniere accoustumee, par
                    sergent, & François Chappuis, commis
au Greffe dudict Bailliage, & Dauid Marot trompette
audict Troyes, à ce que personne n'en pretende cause d'i=
gnorance.

Hilippes Deuer, Conſeiller, Lieutenant General au Bailliage & ſiege Preſidial de Troyes : Au pre-
mier Sergent Royal dudit Bailliage, Salut. Nous vous mandons &
commettrós par ces preſentes qu'à
la Requeſte du Subſtitud du Procureur general
audiⓒ Bailliage, vous tranſporter és Chaſtelle-
nies de Payens, Marigny, Bourdenay, Treignel,
Nogent ſur Seine, Pont ſur Seine, Arcies ſur
Aulbe, Iſles, Chaource, Chapes, Iully le Chaſtel,
Virey ſoubz Bar, Chaſſenay, Fontette, Bligny,
Iaulcourt, Spov, Vendœuure, Montierramey,
Courſan, Saultour, Sainⓒ Florentin, Eſnon, Ioi-
gny, Ceſy, Nully, Sainⓒ Maurice en Thirouail-
le, Garchy, la Ferté la Iopiere, la Chaſtellenie de
ladiⓒe Ferté en l'ancien manoir, De la Couldre,
Precy, Flacy, Villemor, ſainⓒ Liébault, ſainⓒ
Falle, Eruy le Chaſtel, Dannemoine, Maligny, &
l'Iſle ſouz Mont-real. Et illec deliurez coppie aux
Iuges & Officiers deſdits lieux du contenu cy deſſus. Leur enjoignant de le faire publier en leurs
ſieges l'audience tenant, à fin que nul n'en puiſſe
pretendre cauſe d'ignorance, & qu'ils ayent à
faire faire le ſerment porté par lediⓒ Reglement
à tous les demeurans au dedans de leur Iuriſdi-
ⓒion & reſſort, & enuoyer les aⓒes ou proces verbaux de ce qu'ils auront faiⓒ par deuers
le Greffe dudiⓒ Bailliage dedans vn mois apres
la ſignification des preſentes, pour y auoir re-
cours quand beſoin ſera : Enſemble les noms
ſurnoms, qualitez & demeurances des Gentils-

hommes, Prelats & aultres, qui n'auroient pro-
sté ledict serment, & de tous ceux qui porten
les armes autrement que soubz l'authorité de
Monseigneur le Duc de Mayenne, & par vertu
de ses Commissions. De ce faire vous donnons
pouuoir & Commission. Mandons & comman-
dons à tous Iusticiers, Officiers & subjects du
Royaume, à vous en ce faisant obeyssent, pre-
stent, & donnent confort, ayde & prison, si be-
soin est.

Donné audict Troyes, le seiziesme iour de
May, Mil cinq cens quatre-vingts & neuf.

9 782019 605728